BEI GRIN MACHT SICH IHR WISSEN BEZAHLT

AF149174

- Wir veröffentlichen Ihre Hausarbeit, Bachelor- und Masterarbeit

- Ihr eigenes eBook und Buch - weltweit in allen wichtigen Shops

- Verdienen Sie an jedem Verkauf

Jetzt bei www.GRIN.com hochladen und kostenlos publizieren

Fabian Lucca Ferrari

John Rawls' politische Gerechtigkeitskonzeption in „Gerechtigkeit als Fairneß. Ein Neuentwurf" und deren Problematisierung anhand des Kommunitarismus

GRIN Verlag

Bibliografische Information der Deutschen Nationalbibliothek:

Die Deutsche Bibliothek verzeichnet diese Publikation in der Deutschen National-
bibliografie; detaillierte bibliografische Daten sind im Internet über http://dnb.d-
nb.de/ abrufbar.

Impressum:

Copyright © 2012 GRIN Verlag GmbH
Druck und Bindung: Books on Demand GmbH, Norderstedt Germany
ISBN: 978-3-656-43796-3

Dieses Buch bei GRIN:

http://www.grin.com/de/e-book/213809/john-rawls-politische-gerechtigkeitskon-
zeption-in-gerechtigkeit-als-fairness

GRIN - Your knowledge has value

Der GRIN Verlag publiziert seit 1998 wissenschaftliche Arbeiten von Studenten, Hochschullehrern und anderen Akademikern als eBook und gedrucktes Buch. Die Verlagswebsite www.grin.com ist die ideale Plattform zur Veröffentlichung von Hausarbeiten, Abschlussarbeiten, wissenschaftlichen Aufsätzen, Dissertationen und Fachbüchern.

Besuchen Sie uns im Internet:

http://www.grin.com/

http://www.facebook.com/grincom

http://www.twitter.com/grin_com

Kardinal-von-Galen-Gymnasium

John Rawls' politische Gerechtigkeitskonzeption in seinem Werk „Gerechtigkeit als Fairneß – Ein Neuentwurf" und deren Problematisierung anhand des Kommunitarismus

Von Fabian Ferrari
Facharbeit im GK Philosophie

Schuljahr 2011/2012

Inhaltsverzeichnis

1. Einleitung

Das Ziel dieser Facharbeit ist die detaillierte Untersuchung von John Rawls' (1921-2002) Auffassung von politischer Gerechtigkeit und die Einordnung dieser als politische Gerechtigkeitskonzeption anhand des Neuentwurfes „Gerechtigkeit als Fairneß – Ein Neuentwurf" [1], herausgegeben von   Erin Kelly. John Rawls war ein US-amerikanischer Philosoph und Professor an der Harvard Universität und gilt als einer der bedeutendsten politischen Philosophen des 20. Jahrhunderts.

Die Besonderheit des zu behandelnden Neuentwurfes (2001) liegt darin, dass John Rawls seine im Hauptwerk „Theorie der Gerechtigkeit (1971)" [2]   eingeführte und legitimierte Gerechtigkeitskonzeption um einige Punkte ergänzt bzw. verändert, um nicht nur eine moralische   Gerechtigkeitskonzeption,   sondern   vielmehr   eine   politische Gerechtigkeitskonzeption aufzustellen [3].

In dieser Facharbeit werden nicht nur die Grundthesen von Rawls' Theorie der politischen Gerechtigkeit untersucht, in einem zweiten Schritt liegt der Schwerpunkt auf der Einordnung von Rawls' Ausführungen als eine politische Gerechtigkeitskonzeption und die Unterschiede zur Moralphilosophie und   Globaltheorien [4]. Während meiner Recherchen stieß ich immer wieder auf den Begriff des Kommunitarismus [5], der sich als kritische Reaktion auf Rawls' politische Philosophie beschreiben lässt. Anhänger des Kommunitarismus üben scharfe Kritik an   Rawls'   Thesen   und   am   Liberalismus   allgemein.   Aufgrund   dieser   durchaus grundverschiedenen und kontroversen Ansichten lohnt sich eine kritische Gegenüberstellung, in der näher auf die Kritik an den Rawlsschen Thesen eingegangen wird.

Doch der erste Schritt soll die Analyse der Grundaussagen und wichtigsten Thesen aus „Gerechtigkeit als Fairneß – Ein Neuentwurf" sein, die später als gedankliche Basis für die Problematisierung anhand des Kommunitarismus-Begriffes dienen. Abschließend wird die Kritik reflektierend zusammengefasst und bewertet.

---

[1] Gegenstand dieser Facharbeit ist die Primärquelle: Erin Kelly (Hrsg.): *John Rawls: Gerechtigkeit als Fairneß. Ein Neuentwurf* (= *Suhrkamp-Taschenbuch Wissenschaft*. 1804). Suhrkamp, Frankfurt am Main 2006 (Originaltitel: *Justice as Fairness. A Restatement, 2001*, übersetzt von Joachim Schulte; in den folgenden Fußnoten mit „RAWLS 2001" abgekürzt
[2] John Rawls: *Eine Theorie der Gerechtigkeit*. Suhrkamp, Frankfurt am Main 1979 (Originaltitel: *A Theory of Justice, 1971/5*, übersetzt von Hermann Vetter)
[3] Vgl. RAWLS 2001, S. 13 ff (Vorwort)
[4] Ein Beispiel für eine Globaltheorie ist der Utilitarismus. Rawls nennt als Eigenschaft, dass eine Globaltheorie für alle Personen gelte und alle Werte abdecke (Vgl. S. 34)
[5] Kapitalismus- bzw. liberalismuskritische Strömung in der politischen Philosophie, die um 1980 als kritische Reaktion auf John Rawls in den USA aufkam. (Quelle: http://www.enzyklo.de/Begriff/Kommunitarismus)

2. Die zentralen Aussagen in Rawls' „Gerechtigkeit als Fairneß – Ein Neuentwurf"

2.1 Grundideen

Als übergeordnete Fragestellung lässt sich ein Zitat aus dem Werk Rawls' anführen:

„Im Grunde stellen wir die Frage, wie eine vollkommen gerechte oder nahezu gerechte konstitutionelle Staatsform beschaffen sein könnte und ob sie unter den Anwendungsverhältnissen der Gerechtigkeit – mithin unter realistischen, wenn auch einigermaßen günstigen Bedingungen – entstehen und stabil gehalten werden kann."[6]

Da John Rawls eine politische Gerechtigkeitskonzeption aufstellen wird, lässt sich diese Fragestellung als die zentrale Problematik, die Rawls größtenteils beschäftigt, bezeichnen. Er fügt zu dieser Fragestellung hinzu, dass seiner Konzeption der *Gerechtigkeit als Fairneß* ein gewisser „realistischer Utopismus[7] innewohne. Dieser lote aus, inwiefern es eine demokratische Regierung vermag, die demokratischen Werte – Rawls nutzt hierfür den Begriff *demokratische Vollkommenheit* – durchzusetzen.

Um dem Leser mitzuteilen, welche Auffassung der Autor überhaupt von der politischen Philosophie hat, formuliert er vier Aufgaben bzw. Schwerpunkte, welche jene zu bewältigen hat:

- Zentrierung der Aufmerksamkeit auf umstrittene Fragen (*Problem der Ordnung*)
- Kognitive *Orientierung* [8] in der Gesellschaft
- Auffassung der Gesellschaft als „faires System der Kooperation" [9]
- Der realistische Utopismus als kennzeichnendes Merkmal

Rawls unterstreicht die Bedeutung der Idee, die Gesellschaft als *faires System der Kooperation* anzusehen, und spricht ihr die Rolle des „zentralen Strukturierungsgedanken" [10] bei der Formulierung der politischen Gerechtigkeitskonzeption (für ein demokratisches Staatswesen) zu. Somit betrachtet er das Individuum ausschließlich im Hinblick auf seine Position in einer Gesellschaft (im *System der Kooperation*).

---

[6] RAWLS 2001, S. 36
[7] *ebd.*
[8] Rawls fügt an, dass er sich mit dem Begriff „Orientierung" auf Kants Auffassung bezieht, der in seinem Aufsatz *Sich im Denken orientieren* (1786) die Vernunft als „Vermögen der Orientierung" definiert.
[9] Rawls sieht die politische Gesellschaft nicht als sozialen Verband, sondern als ein faires System der Kooperation. Die Mitglieder, also die Kooperationspartner (Bürger) sind hierbei frei und gleich. (vgl. S. 23)
[10] RAWLS 2001, S. 25

Diesen Grundgedanken ergänzt er zum einen um die Tatsache der Freiheit und Gleichheit der Bürger [11] und zum andern um die Idee der *wohlgeordneten Gesellschaft*. Man könne eine Gesellschaft dann als *wohlgeordnet* bezeichnen, wenn sie durch öffentliche Gerechtigkeitskonzeptionen wirksam geregelt werde [12].

Rawls räumt ein, dass es sich bei der *wohlgeordneten Gesellschaft* in erster Linie um eine „weitgehende Idealisierung" [13] handele. Der Hintergedanke sei jedoch die Frage, inwiefern eine Gerechtigkeitskonzeption in einem von einer Generation zur nächsten fortwirkendem System, (der Gesellschaft) als allgemeingültig anerkannt werde [14].

Daraufhin führt Rawls den Begriff der *Grundstruktur* ein. Die eigens formulierte Intension hinter dieser sei das Ziel, die Konzeption der *Gerechtigkeit als Fairneß* „o zu formulieren, dass ihr ein angemessenes Maß an Einheit zukomme.

Also versucht Rawls in diesem Neuentwurf, seine Konzeption so übersichtlich wie möglich darzustellen und dem Leser nicht eine Ansammlung von einzelnen Gedankengängen, sondern ein „rundes Ganzes" vorzulegen.

Nach Rawls sei der neu eingeführte Begriff der *Grundstruktur* die Art und Weise, wie sich politische und soziale Institutionen in das *faire System der Kooperation* eingliedern und aus ihrer für die Gesellschaft bedeutsamen Position heraus Rechte und Pflichten zuteilen, sowie Vor- und Nachteile regeln [15]. Als Beispiel einer solchen Institution führt Rawls die Wirtschaftsstruktur (System konkurrierender Märkte mit Privateigentum an Produktionsmittel) und die politische Verfassung an [16]. Demnach sei die *Grundstruktur* als gesellschaftlicher bzw. sozialer Rahmen anzusehen, innerhalb dessen Tätigkeiten ausgeübt werden.

Rawls begreift die *Grundstruktur* als „Hauptmerkmal der politischen Gerechtigkeit" [17] woraus sich schließen lässt, dass sie von enormer Bedeutung für den Gesamtzusammenhang seiner politischen Philosophie ist. Er merkt jedoch an, dass es nicht möglich sei, eine genaue Definition aufzustellen bzw. den Radius der dazugehörenden gesellschaftlichen Institutionen einzugrenzen.

---

[11] Vgl. RAWLS 2001, S. 28
[12] John Rawls spricht in diesem Zusammenhang von „intuitiv einleuchtenden Grundgedanken" (RAWLS 2001, S. 25) die zwar nicht exakt formuliert oder niedergeschrieben sind, die aber von fundamentaler Bedeutung im Rahmen des politischen Denkens in der Gesellschaft seien.
[13] RAWLS 2001, S. 30
[14] Vgl. RAWLS 2001, S. 31
[15] Vgl. RAWLS 2001, S. 32
[16] Vgl. RAWLS 2001, S. 32: alle Formen von gesellschaftlichen Institutionen gehören demnach zur Grundstruktur
[17] RAWLS 2001, S. 32

2.2 Der Urzustand

Bevor Rawls seine Gerechtigkeitskonzeption konkretisiert, führt er die Idee des *Urzustands* ein, die für den weiteren Argumentationsverlauf von fundamentaler Bedeutung ist.

Rawls stellt sich die Frage, wie und durch wen die Kooperationsbedingungen, die in einem *fairen System der Kooperation* gelten, eigentlich genau bestimmt und aufgestellt werden. Er schließt aus, dass dies durch eine höhergestellte Autorität, zum Beispiel durch das Gesetz Gottes geschieht[18].

Stattdessen formuliert er die Bedingung, die „fairen Modalitäten der sozialen Kooperation sollen durch eine Übereinkunft bestimmt werden, auf die sich die an der Kooperation Beteiligten einigen"[19]. Eine Alternative hierzu sei nicht vorhanden, da nur die Bürger selbst in der Lage seien, durch Absprache faire Bedingungen zu schaffen.

Um nun die Möglichkeit einer fairen Übereinstimmung unter den Bürgern zu garantieren, sei es nötig, Bedingungen für die Absprache aufzustellen[20].

Wie bereits im Kapitel **Grundideen** untersucht, stellt die Tatsache der Freiheit und Gleichheit der Bürger die erste Bedingung dar. Als zweite Bedingung nennt Rawls, dass Bedrohungen jeglicher Art, sei es durch Betrug oder Täuschung, vermieden werden müssen[21]. Also erkennen die einzelnen Kooperationspartner die Rechte der Freiheit und Gleichheit auch bei den jeweils anderen an.

Als dritte Bedingung führt Rawls den *Schleier des Nichtwissens* ein. Die teilnehmenden Personen sind sich somit weder der sozialen Stellung, noch den ethnischen Gruppenzugehörigkeiten oder physischen sowie psychischen Eigenschaften bewusst[22]. Dies bewirke, dass nun ein Austausch über die Gerechtigkeitsprinzipien bzw. Bedingungen des Zusammenlebens im *fairen System der Kooperation* ohne sonstige Einflüsse[23], welche die Argumentationsweise der Gesprächspartner in eine gewisse Richtung lenken würden, möglich sei.

Nur auf diese Weise sei eine faire Vereinbarung möglich, die „über Prinzipien der politischen Gerechtigkeit auf die Grundstruktur übertragen werden kann"[24].

---

[18] Vgl. RAWLS 2001, S. 38
[19] RAWLS 2001, S. 39
[20] Vgl. RAWLS 2001, S. 39
[21] Vgl. RAWLS 2001, S. 39
[22] Vgl. RAWLS 2001, S. 40
[23] Rawls nennt hier politische Macht, Reichtum oder angeborene Fähigkeiten.
[24] RAWLS 2001, S. 41

2.3 Die beiden Gerechtigkeitsgrundsätze

Nachdem Rawls seine Grundthesen dargestellt hat, stellt er in Kapitel II von „Gerechtigkeit als Fairneß – Ein Neuentwurf" schließlich zwei konkrete Gerechtigkeitsprinzipien auf. Doch zunächst stellt er drei Bedingungen[25] für diese Konzeptionen auf:

1) Die Konzeption der *Gerechtigkeit als Fairneß* wird für eine demokratische Gesellschaft entworfen.[26]
2) Die *Grundstruktur* wird als Hauptgegenstand der politischen Gerechtigkeit verstanden.
3) Die von Rawls aufgestellte Gerechtigkeitskonzeption ist eine Form des politischen Liberalismus.

Infolgedessen formuliert Rawls die Frage, welche Gerechtigkeitsprinzipien notwendig seien, um die „sozialen wie ökonomischen Ungleichheiten in den Gesamtlebensaussichten der Bürger zu regulieren"[27]. Offenkundig liegt der Schwerpunkt also auf der Regulierung dieser bestehenden Ungleichheiten.

Die Gerechtigkeitsprinzipien

a) Jede Person hat den gleichen unabdingbaren Anspruch auf ein völlig adäquates System gleicher Grundfreiheiten, das mit demselben System von Freiheiten für alle vereinbar ist.

b) Soziale und ökonomische Ungleichheiten müssen zwei Bedingungen erfüllen: erstens müssen sie mit Ämtern und Positionen verbunden sein, die unter Bedingungen fairer Chancengleichheit allen offenstehen; und zweitens müssen sie den am wenigsten begünstigten Angehörigen der Gesellschaft den größten Vorteil bringen (Differenzprinzip).

Rawls betont, dass das erste Prinzip stets Vorrang vor dem zweiten habe[28]. Das bedeutet, dass bevor man ein Prinzip anwendet, vorrausetzen muss, dass das jeweils andere (vorrangige) Prinzip bereits erfüllt ist. Diese Vorrangigkeit gelte auch für das zweite Prinzip, welches Rawls insofern differenziert, dass die Chancengleichheit Vorrang vor dem Differenzprinzip[29] habe.

---

[25] Rawls spricht auch von drei „Hauptpunkten" (S. 73 ff)
[26] Vgl. RAWLS 2001, S. 73
[27] Vgl, RAWLS 2001, S. 76
[28] Vgl. RAWLS 2001, S. 78
[29] Nach Rawls würden viele Autoren statt „Differenzprinzip" den Terminus „Maximin-Prinzip" verwenden. Er nutzt jedoch den erstgenannten Begriff, da sich das „Maximin-Prinzip" in einigen Punkten von dem Differenzprinzip unterscheide (Vgl. S.78).

Obwohl die *Grundstruktur* als Mittelpunkt bzw. Hauptgegenstand der politischen Gerechtigkeit begriffen werden sollte [30], gelten die Gerechtigkeitsprinzipien nicht nur für jene, sondern insbesondere für die Verfassung eines demokratischen Staates [31].

Das erste Prinzip bezieht sich auf die Gleichheit der Bürger in ihren Grundrechten. Also unterstreicht er erneut die Bedeutung seiner bereits aufgestellten These, die Bürger als freie und gleiche Personen zu betrachten. Nun kommt hinzu, dass jeder dieser Bürger den Anspruch auf ein gleiches System der Reglung von Grundfreiheiten besitzt. Zu den angesprochenen Grundfreiheiten zählt Rawls politische Freiheiten (Wahlrecht), Meinungsfreiheit sowie die Versammlungs- und Gewissensfreiheit [32]. Allerdings schränkt Rawls dies ein Stück weit ein, da die Grundfreiheiten, die ein Individuum demnach besitzt, auch mit denen aller anderen vereinbar sein müssen. Dieses Phänomen beschreibt Daniel Zorn in einer Studienarbeit sehr passend:

„Damit ist klar, dass die Freiheit kein rein positives Gut ist, das dem Menschen innewohnt, sondern gerade durch Grenzen entsteht, die einerseits Freiheit beschränken, sie andererseits aber auch erst ermöglichen". [33]

Aufgrund der Tatsache, dass Rawls ein Gerechtigkeitsprinzip erstellt, indem Ungleichheiten reguliert werden sollen, lässt sich folgern, dass er Ungleichheiten grundsätzlich nicht ausschließt. Diese in der Gesellschaft bestehenden Grundfreiheiten müssen jedoch gerechtfertigt werden, damit sie dem Gemeinwohl nicht schaden und womöglich sogar Vorteile mit sich bringen. Die erste Bedingung, die Rawls im zweiten Grundsatz aufstellt ist, dass die Ämter und Positionen, welche die Ungleichheiten regeln, jedem Mitglied der Gesellschaft unter fairer Chancengleichheit offenstehen. In der darauffolgenden zweiten Bedingung fordert Rawls, dass sie den sozial und wirtschaftlich schwächsten Bürgern den größten Vorteil bringen. Hier grenzt er sich klar vom Utilitarismus ab, bei dem der Gesamtnutzen und nicht der Nutzen für die schwächsten Glieder der Gesellschaft im Vordergrund steht. Zusammenfassend lässt sich die Ungleichheit wie folgt charakterisieren:

„Ungleichheit, so lässt sich verkürzt resümieren, hat also unter allen Umständen dem Wohl derjenigen Rechnung zu tragen, die sich stets am jeweils unteren Ende der gesamtgesellschaftlichen Wohlstandsverteilung befinden" [34].

---

[30] Siehe: Bedingungen der Gerechtigkeitsgrundsätze (vorige Seite)
[31] Vgl. RAWLS 2001, S. 82
[32] Vgl. RAWLS 2001, S. 81f
[33] Zorn, Daniel: *Die Verpflichtungskraft der Gerechtigkeitsprinzipien bei John Rawls.* GRIN Verlag, München, 2007, S. 6
[34] Rutsche, Markus: *Wie viel Ungleichheit ist gerecht? Zur Begründung politischer Umverteilung bei John Rawls und Michael Walzer.* GRIN Verlag, München, 2009, S. 10

3. „Gerechtigkeit als Fairneß – Ein Neuentwurf" als politische Gerechtigkeitskonzeption und dessen Problematisierung anhand des Kommunitarismus

3.1 Ziele des Werkes „Gerechtigkeit als Fairneß – Ein Neuentwurf" und Unterschiede zu früheren Werken

Zunächst lässt sich die Aussage treffen, dass das zu behandelnde Werk „Gerechtigkeit als Fairneß – Ein Neuentwurf" größtenteils auf der von Rawls ursprünglich aufgestellten „Theorie der Gerechtigkeit" beruht.

Rawls formuliert im Vorwort bereits die Absicht, die seiner Meinung nach „besonders gravierenden Mängel der Theorie der Gerechtigkeit zu beheben"[35]. In dem Neuentwurf versuche er, Fehler zu korrigieren, die Darstellung zu verändern, sowie Antworten auf Kritik und Einwände zu geben. Außerdem verändere er an einigen Stellen die Art der Argumentation.

Das zweite formulierte Ziel ist das Zusammenfügen der in der *Theorie der Gerechtigkeit* aufgeführten Gerechtigkeitskonzepte und seiner erschienenen Essays und Vorlesungen zu einer „einheitlichen Darstellung"[36].

„Um bestehende Mehrdeutigkeiten zu beheben, wird die Konzeption der Gerechtigkeit als Fairneß jetzt als eine politische Gerechtigkeitskonzeption präsentiert"[37].

Überdies verfolgt Rawls mit der Aufstellung einer politischen Gerechtigkeitskonzeption nicht das Ziel, Antworten auf bestimmte, differenzierte Fragen zu geben, sondern nur den Rahmen aufzustellen, in dem es möglich sei, diese Fragen zu bearbeite[38] (durch das Gedankenexperiment des Urzustands).

Rezensent Rainer Forst schreibt in der Wochenzeitung *Die Zeit*: „Bei dem vorliegenden Band handelt es sich um eine Neufassung Rawls' *Theorie der Gerechtigkeit* von 1971, die er zeit seines Lebens weiterentwickelte. Rawls' zentrale Idee ist "dass die Gesellschaft ein faires System der Kooperation sein soll, das von allgemein geteilten Prinzipien geregelt wird."[39]

---

[35] RAWLS 2001, S. 23
[36] RAWLS 2001, S. 23
[37] Vgl. RAWLS 2001, S. 16
[38] Vgl. RAWLS 2001, S. 34
[39] *Die Zeit*, 08.05.2003, gefunden auf http://www.perlentaucher.de/buch/13461.html (03.03.12, 19 Uhr)

3.2 Abgrenzung zu Globaltheorien (Utilitarismus)

„Ich möchte nämlich betonen, dass die Konzeption der Gerechtigkeit als Fairneß keine religiöse, philosophische oder moralische Globaltheorie ist, die für alle Personen überhaupt gilt und sämtliche Werte abdeckt. […] Weder die politische Philosophie noch die Konzeption der Gerechtigkeit als Fairneß sind in dieser Hinsicht angewandte Moralphilosophie. […] Die Konzeption der Gerechtigkeit als Fairneß ist eine politische Konzeption der Gerechtigkeit für den Spezialfall der Grundstruktur einer modernen demokratischen Gesellschaft."[40]

Rawls grenzt sich also klar von der reinen Moralphilosophie und Globaltheorien (wie zum Beispiel Utilitarismus oder Perfektionismus) ab, indem er die Grundstruktur einer modernen Gesellschaft als Basis seiner Argumentation definiert. Somit bezieht sich die Konzeption der *Gerechtigkeit als Fairneß* ausschließlich auf die Gerechtigkeit der Grundstruktur, die Rawls als Hauptgegenstand seiner Argumentation sieht.

Das Politische in Form der Grundstruktur, auf das sich Rawls Philosophie hauptsächlich bezieht, sei nur ein einzelner Bereich der Moral, die von Globaltheorien umfassender behandelt werde[41]. Die Konzeption der *Gerechtigkeit als Fairneß* versucht also keineswegs Aspekte der Globaltheorie zu berücksichtigen und somit zum Beispiel die Frage der Gerechtigkeit zwischen verschiedenen Völkern zu erörtern. Rawls betrachtet ausschließlich den Binnenbereich einer Gesellschaft.

3.3 Problematisierung anhand des Kommunitarismus

Der Begriff des Kommunitarismus entwickelte sich in den 1980er-Jahren als kritische Reaktion bzw. Gegenentwurf zu den Ausführungen von John Rawls, besonders zu seinem Hauptwerk „Theorie der Gerechtigkeit". Es handelt sich nicht um eine konkrete Theorie, sondern eher um einen Sammelbegriff einer in den USA entstandenen Strömung, die zum einen Kritik an Rawls übt, zum andern sich als „kritische Defizitanalyse moderner liberaler Gesellschaften"[42] versteht.

---

[40] RAWLS 2001, S. 37
[41] Vgl. RAWLS 2001, S. 38
[42] Vgl. http://home.foni.net/~spatzier/rawlswalzer.html Spatzier, Frank: *Die Kommunitaristische Kritik an Rawls' TDG;* Zugriff: 28.02.2012, 16:30

8

Im Rahmen seiner Überlegungen über das Phänomen des Egoismus bezieht sich der deutsche Philosoph Richard David Precht[43] auf die Debatte zwischen Rawls und dem Kommunitarismus.

Der Kommunitarismus ist nach Precht eine Gegenbewegung zu dem gnadenlosen Wirtschaftsliberalismus der Regierung von Ronald Reagan und dessen negativen Folgen für das Gemeinwohl. Dagegen setzten die Verfechter des Kommunitarismus auf die Philosophie von Aristoteles[44].

Rawls' Kritiker lehnen es grundsätzlich ab, „Moral auf abstrakte Prinzipen zurückzuführen"[45]. Daraus, dass Moral durch die Gesellschaft und das Umfeld entsteht und geprägt werde, lasse sich folgern, dass die Gesellschaft eine gewisse Verantwortung besitze, moralische Sensibilität beim Einzelnen zu fördern. Precht, dem übrigens nachgesagt wird, dem Kommunitarismus nahe zu stehen, fordert die Gesellschaft auf, „moralische Milieus zu schaffen und Fürsorge und Engagement durch Ansteckung zu verbreiten[46].

Doch wie äußert sich die Kritik des Kommunitarismus jetzt konkret in Bezug auf die liberal geprägten Rawlsschen Thesen?

Die Kritik des Kommunitarismus, insbesondere die von Michael Sandel, der als einer der berühmtesten Verfechter des Kommunitarismus gilt, stütze sich vor allem auf die Frage, inwiefern es sinnvoll sei, einen *Schleier des Nichtwissens* im Urzustand zu errichten, wenn doch in der Realität niemand so lebe[47].

Aufgrund dieser Tatsache, seien die Rawlsschen Überlegungen über Moral und politische Gerechtigkeit nur in der Fiktion möglich, nicht aber in der Realität. Die Fähigkeit zur Beurteilung von Moral (Abschätzen, Bewerten) entstehe jedoch durch die Erziehung und das Umfeld[48]. Demnach ist es also nicht möglich, sich in einem von Rawls formulierten *Schleier des Nichtwissens* mit seinen Kooperationspartnern zu einigen, da schlicht die angesprochenen analytischen Fähigkeiten fehlen. Ferner, so Precht, seien Philosophen des Kommunitarismus außerdem Anhänger der Philosophie von Aristoteles, der bereits 300 v.Chr. feststellte, dass der Mensch durch sein Umfeld geprägt und in seinen Moralvorstellungen beeinflusst wird. „Das Gute" sei somit immer eine Frage der jeweiligen Umstände in der Gesellschaft[49].

---

[43]Precht, Richard David: *Die Kunst, kein Egoist zu sein. Warum wir gerne gut sein wollen und was uns davon abhält.* Goldmann, München 2010
[44] Vgl. PRECHT 2010, S. 423; Aristoteles (* 384 v. Chr. in Stageira; † 322 v. Chr. in Chalkis) gehört zu den bekanntesten und einflussreichsten Philosophen der Geschichte. Er hat zahlreiche Disziplinen entweder selbst begründet oder maßgeblich beeinflusst, darunter Wissenschaftstheorie, Logik, Biologie, Physik, Ethik, Staatstheorie und Dichtungstheorie. Aus seinem Gedankengut entwickelte sich der Aristotelismus. (Quelle: https://de.wikipedia.org/wiki/Aristoteles; Zugriff: 02.03.2012, 14:00)
[45] PRECHT 2010, S. 422
[46] PRECHT 2010, S. 422
[47] Vgl. PRECHT 2010, S. 192
[48] Vgl. PRECHT 2010, S. 192
[49] Vgl. PRECHT 2010, S. 193

„Die kommunitaristische Kritik beinhaltet auch eine ökonomische Kritik an dem vorherrschenden Kapitalismus. […] Der Kapitalismus sorgt für eine Entsolidarisierung und eine Individualisierung." [50] Somit weitet sich die Kritik insofern aus, dass das bestehende Wirtschaftssystem (der freie Markt mit Privatanteil an Produktionsmittel) angezweifelt wird.

Um die Kritik des Kommunitarismus an Rawls' Thesen zusammenzufassen, sollten folgende Punkte genannt werden:

- Falsche Auffassung des Individuums: Egoistischer Individualismus, gefördert durch die Ideologie des Neoliberalismus, der die Gesellschaft negativ beeinflusst [51]
- Der fundamentale Wert der Gemeinschaft wird vernachlässigt
- Im Gegensatz zu dem von Rawls bevorzugten „atomistisch-individualistischem" Menschenbild, versteht der Kommunitarismus den Einzelnen als soziales Wesen, das „notwendig von Kultur und Tradition geprägt ist" [52]

4. Zusammenfassung und Fazit

In der heutigen Gesellschaft, die oft als Leistungsgesellschaft bezeichnet wird, hat die Frage der sozialen und politischen Gerechtigkeit einen hohen Stellenwert. In den vielen Diskussionen in Politik und Gesellschaft gehen die Meinungen und die Vorschläge, wie man die Gesellschaft verbessern sollte und in welche Richtung sie gelenkt werden sollte, weit auseinander. Jeder beurteilt die Situation anders, je nach sozialer Schicht und den damit einhergehenden Interessen. Zufriedenheit und Beurteilung von sozialer Gerechtigkeit stehen in unmittelbarer Abhängigkeit mit der jeweiligen Position in der Gesellschaft und den Vor- und Nachteilen (zum Beispiel Lebensbedingungen, Arbeitsbedingungen, Ansehen in der Gesellschaft), die diese Position mit sich bringt. Daher ist es nicht einfach, eine für alle Menschen (innerhalb einer Gesellschaft) gültige Gerechtigkeitskonzeption aufzustellen.

---

[50] Offermanns, Mike: *Kommunitarismus - Der neue Weg zur Gemeinschaft.* GRIN Verlag, 1999
[51] Vgl. Günter Rieger: *Kommunitarismus.* in: Dieter Nohlen, Rainer-Olaf Schultze (Hrsg.): *Lexikon der Politikwissenschaft.* Bd 1. 2.Aufl. Beck, München 2004
[52] RIEGER, 2004, S. 433

John Rawls trotzt diesen Umständen und stellt in „Gerechtigkeit als Fairneß – Ein Neuentwurf"
eine Gerechtigkeitskonzeption auf, in der sich die Kooperationspartner im Gedankenexperiment
des Urzustands unter dem *Schleier des Nichtwissens* auf faire Bedingungen einigen.

Nun stellt sich natürlich die Frage: Inwiefern kann ein Gedankenexperiment wie der Urzustand
auf die Realität übertragen werden? Hat die darauf basierende Argumentation überhaupt
Aussagekraft, wenn der Urzustand im Endeffekt doch nur Fiktion ist?

Die Einwände der kritischen Stimmen wirken einleuchtend: Es ist nicht sinnvoll, einen *Schleier
des Nichtwissens* zu errichten, wenn die teilnehmenden Kooperationspartner unter ihm nicht
mehr über die Möglichkeit verfügen, sich über faire Bedingungen zu einige, da ihnen aufgrund
des auferlegten *Schleier* die analytischen Fähigkeiten zur Bewertung von den Bedingungen
fehlen. Diese Fähigkeiten können jedoch nur innerhalb einer Gesellschaft, die – wie der
Kommunitarismus weiterhin argumentiert – durch individuelle kulturelle und womöglich
religiöse Merkmale gekennzeichnet ist und somit einen grundverschiedenen Einfluss auf die
Menschen ausübt. Somit ist es nicht möglich, dass sich Menschen, die aus einem
unterschiedlichen Umfeld stammen und durch dieses entscheidend geprägt wurden, auf faire
Bedingungen einigen. Außerdem müssen sich die Kooperationspartner in einem Gespräch im
Urzustand durch verschiedene Arten der Kommunikation (argumentieren, auf Kompromisse
eingehen) einigen können. Neben den rein analytischen Fähigkeiten fehlen ihnen unter dem
Schleier des Nichtwissens auch diese kommunikativen Aspekte, die durch Dialog und
Erziehung in der Gesellschaft „antrainiert" werden.

Nichts desto trotz bildet der *Urzustand* ein Fundament, auf dem man versuchen kann,
– zumindest in der Fiktion –   faire Bedingungen für die politische Gerechtigkeit in einer
wohlgeordneten Gesellschaft zu schaffen.

Aus der Tatsache, dass heutzutage noch umfangreich über die Rawlsschen Thesen diskutiert
wird, kann man entnehmen, von welch großer Bedeutung Rawls' Werke sind und welchen
Einfluss sie auf die politische Philosophie der Moderne haben.

Literaturverzeichnis

Primärquellen:

Erin Kelly (Hrsg.): *John Rawls: Gerechtigkeit als Fairneß. Ein Neuentwurf* (=*Suhrkamp-Taschenbuch Wissenschaft*. 1804). Suhrkamp, Frankfurt am Main 2006 (Originaltitel: *Justice as Fairness. A Restatement, 2001*, übersetzt von Joachim Schulte

Sekundärquellen:

Zorn, Daniel: *Die Verpflichtungskraft der Gerechtigkeitsprinzipien bei John Rawls.* GRIN Verlag, München, 2007

Rutsche, Markus: *Wie viel Ungleichheit ist gerecht? Zur Begründung politischer Umverteilung bei John Rawls und Michael Walzer.* GRIN Verlag, München, 2009

Precht, Richard David: *Die Kunst, kein Egoist zu sein. Warum wir gerne gut sein wollen und was uns davon abhält.* Goldmann, München 2010

Offermanns, Mike: *Kommunitarismus - Der neue Weg zur Gemeinschaft.* GRIN Verlag, München, 1999

Günter Rieger: *Kommunitarismus.* in: Dieter Nohlen, Rainer-Olaf Schultze (Hrsg.): *Lexikon der Politikwissenschaft*. Bd 1. 2.Aufl. Beck, München 2004

Internetquellen:

http://www.perlentaucher.de/buch/13461.html

http://www.enzyklo.de/Begriff/Kommunitarismus

http://home.foni.net/~spatzier/rawlswalzer.html

https://de.wikipedia.org/wiki/Aristoteles